olivia wartha

hundertneunzehn

gedichte und texte

Bibliografische Informationen der Deutschen
Nationalbibliothek: Die Deutsche Nationalbibliothek
verzeichnet diese Publikation in der Deutschen
Nationalbibliografie; detaillierte bibliografische Daten
sind im Internet unter http://dnb.dnb.de abrufbar.

© 2014 Olivia Wartha (Freitag ist Rosa)

Herstellung und Verlag:
BoD – Books on Demand, Norderstedt

ISBN: 978-3-7357-8629-6

einsam

einsam im
schnee stehend
dachte ich
an den sommer
dann kamst
du vorbei
und sagtest leise
hier rieche
es nach
erdbeeren
bei mir
möchtest
du bleiben
ich reichte
dir die hand
und nickte still

mehr
gab
es
dazu
auch
nicht
zu
sagen

weit, ganz weit

ganz weit lehnen wir uns über den rand. bis langsam selbst die weit ausgestreckten zehenspitzen an bodenkontakt verlieren, wir abheben und kopfüber auf der neben dem teller liegenden serviette aufschlagen. die überraschung ist groß, dass es uns nicht in die zinken der gabel verschlug. voller übermut schrumpfen wir nun die realität auf einen bunten stecknadelkopf, pinnen diesen blind in die große weltkarte an der blumentapetenen wand. machen nur noch, was dem tag für uns einfällt. und fallen nach 24 stunden gedankenlos dem folgenden in die weit aufgerissenen arme. drehen uns samt unsrer gedanken, um uns selbst und mit der uhr von stunde zu stunde. so schnell, bis wir nicht nur schwanken, sondern fallen. und weich im nächtlichen gras landen. dort verlieren wir uns mitsamt dem blick in den immer noch viel zu schnell umherwirbelnden galaxien. wir gehen zu dir, zu mir. und immer zu weit.

wellen

und vor mir liegt nur
das offene meer
niemand sonst
kann erzählen
wie ich hier her kam
und ich
werde es diesmal nicht tun
ich werde
nur sagen, dass ich hier stehe
und versuche
welle für welle
all das kommen und gehen
etwas mehr zu verstehen

einladung

hier ist mein gedicht
hier ist noch platz
für dich
für mich
und ein bisschen
von der mondfinsternis

gem/einsam

wir warten gem/einsam
unter dem vordach
dass einiges anders,
und weniger wird
neben dem regen,
der abstand
zwischen dir und mir,
dirundmir
wir warten, du, ich
und nochmal du
spiegelst dich ganz
leise in der scheibe
ein schritt zum fenster,
dein gläsernes du
stehst mir gut, finde ich,
doch scheinbar
nicht der regen,
er wird weniger
und der abstand wird mehr,
ihr geht weiter
bis ihr wieder
du seid und
die scheibe und ich
wieder gem/einsam
unter dem vordach warten

himmel bei nacht

kaum wolken.
die sterne freuen sich.
gerne schauen sie sich
bei nacht die städte an.
manche sehen von der ferne
aus wie kleine tiere oder blumen.

nachts

nachts verliere ich mich
in gedanken an dich.
aber das ist nur
eine geschichte
(erzählt) im mondlicht.

senryū

gib mir die hand, durch
die wirren des lebens, irrn
wir besser zu zweit

entlang

entlang
deiner worte
schweige ich
mich durch
meine
gedanken
meine
gedanken
werden
ein wald
mit dickicht
und tieren
vergesse
den wald
und
bestaune
die bäume
die du hier
gepflanzt
hast

nachtinsel

wenn
ein kleiner gedanke
ein ganzes ich erhellen kann
das ersehnte gegenstück
vorbei kommt, wie treibholz
am eigenen strand liegen bleibt
und nur aufgehoben und
nachhause gebracht werden will

was damals ausreichte

ich denke an früher
wie wir dieses taten
und jenes machten
eigentlich machten
wir nie jenes und
taten nie dieses
doch dachte ich damals
wir würden dieses oder jenes
irgendwann machen oder tun
wir schienen viel zeit
für all das zu haben
das reichte aus. damals.
aber heute nicht.
es reicht nicht.
nicht mehr.

ich setze mich

ich setze mich
auf den klapprigen holzstuhl
hinter dem kleinen schuppen
rutsche in den schatten
des alten apfelbaums
stelle die nackten füße
langsam auf die wiese
beobachte vögel
und gräser im wind
schließe die augen
stehe kurz auf
um mir eine tasse tee
und zwei kekse zu holen
nehme besser
doch drei kekse mit
man kann nie wissen
wie lange es dauern wird
bis mir klar wird
was ich für dich empfinde

was gilt wie lange?

ein ergebnis gilt.
bis es widerlegt wird.
wie lange gilt ein gefühl?
was ist mit der zeit, in der es galt?
wird ein gefühl nachträglich falsch?
nur, weil es heute nicht mehr wahr ist?
das leben ist anders als mathematik.
mathematik ist einfacher.

und in mir ist noch all das andere

und in mir ist noch all das andere
all das was war, all das was ist
all das was hätte sein können, aber nicht war
all das was nicht hätte sein können
all das was einmal sein kann,
sein wird, nicht sein wird

es ist so viel in mir
was ich mir
vorstellen kann

hier oben

hier oben gibt es nur
den wind und die aussicht

was aber ausreicht,
da beide nicht fortgehen

beide immer
um mich sind

du stelltest mir fragen

du stelltest mir fragen
ich antwortete nicht

immer
morgens verliert
die nacht
sich
ins nichts

doch ich
erinnere mich

an einige nächte

und
auch
an dich

eine antwort habe ich
immer noch nicht

post

gestern kam die postkarte:
„mir geht es gut,
ich genieße die einsamkeit
und diese ruhe.
hier regnet es nie.
bis zum sommer
dann komme ich wieder
zurück zu dir."
ich wusste
mein herz
würde mir schreiben
– früher oder später.

drei, vier winter

und in mir all diese ungeduld
irgendwo dazwischen verborgen
immer wieder ein versuch
der zeit,
etwas zeit zu geben
an anderes zu denken
anders zu denken
zu denken
doch ein tag wird drei winter
und manchmal auch vier

wenn du kommst

wenn du kommst, mach die türe weit auf. ganz weit. bis das scharnier knarzt und die zarge knackt. bring alles mit rein. jede erinnerung und jede erfahrung. jeden gedanken und jedes gefühl. jeden namen, den du mit einer enttäuschung verbindest und jeden augenblick, der deinen bauch kribbeln ließ. jeden satz, den du gehört und jedes wort, das du gesprochen hast. jeden windhauch, der dich von außen gestreift hat und jede flause, die im inneren deines kopfs herum schwirrt. jede kleinste hoffnung für morgen und jedes noch so verdrängte ärgernis von einst. hier gibt es genug platz, nichts soll draußen bleiben. gehört alles dazu. gehört alles zu dir. dann, wenn du ganz angekommen bist, mach die türe fest zu. ganz fest. bis die zarge knackt und der riegel knarzt.

in dem baum

in dem baum vor dem fenster
hat sich ein halber mond
verfangen

die nachbarn gegenüber
schlafen noch nicht
oder bei licht

mein herz klopft leise
flüstert morsezeichen
in die nacht

für dich

mache ein gedicht
nur für dich
und mich

zwar weiß ich
wer mich ist

doch nicht sicher
wer dich

heimlich

heimlich lege ich uns
immer wieder
kleine zettel mit
beliebigen worten
in jackentaschen,
rucksäcke oder socken
klebe sie unter
die computer
oder hinter den spiegel
nur um vorbereitet zu sein
falls der tag kommt
an dem wir uns nichts
mehr zu sagen haben
dann werden sie uns
stichworte liefern
bis wir wieder
ganze sätze
füreinander
formen

komm mal eben mit

komm mal eben mit
hier neben dem leben,
lässt es sich doch
ungestörter reden
hier kannst du sehen
wie sie nachts,
wenn du schläfst
die sterne abdrehen
die sonne wird
auch erst kurz
bevor du erwachst,
aus energiespargründen
von ihnen entfacht
und die zeit
haben sie nur eingeführt
um dich in eile zu sehen,
sonst würdest du ihnen
zu gelassen
durch dein leben gehen

senryū

der himmel schafft es
nur selten das blau deiner
augen zu toppen

oben ist alles andere

oben ist alles andere
unten nur wir
unsere beiden köpfe
liegen im nacken
manche sterne leuchten hell
andere glitzern nur leise
taste durch die dunkelheit
hindurch nach deiner hand
denn das universum
ist nicht schön
ohne dich

wenn

wenn mit quietschenden markisen schon am vormittag die sonne aus den neubaugebieten verwiesen wird, halten wir unsere schlammverschmierten füße ins kalte wasser, beobachten umgedrehte bäume im aufgeregt glitzernden see und überlassen den fischen das reden

im glashaus

ich sitze im glashaus
und fülle es mit mir
einer tasse tee
und einigen gedanken
auch das scheußliche
blumenmuster
der gartenstühle
kann mich, den tee
und die gedanken
nicht abschrecken
die gedanken vermehren sich
ich mich nicht
auch die tasse bleibt ein singular
wie viele gedanken
passen hier noch hinein
bevor sie das glas durchdrücken?
ich sitze auf einem stuhl
mit gedruckten widerlichkeiten
und strenge mich an es auszuprobieren
produziere so viele gedanken
wie ich nur kann
ich sitze im glashaus
und denke
denke, denke
erst wenn die vernunft kommt
werf ich mit steinen

in der dämmerung

in der dämmerung
geben sich die
gegensätze die hand
tag und nacht
vereinen
und
trennen sich
routiniert
immer wieder
meine hand schafft
es nicht bis zu dir
und deine nicht
bis zu mir
wir sind uns
einfach zu ähnlich
und selbst das zwielicht
blendet uns zu sehr

doppelhaiku

zeit soll honig sein
und in langen schlieren vom
himmelszelt tropfen

über uns sehen
wir dann diese sternschnuppe
stundenlang fallen

theatralisch

steige langsam
von deckenlicht
und nachttischlampe
beleuchtet
aus meinem
einsamen bett
strecke die arme
in die höhe
setze einen fuß
vor den anderen
öffne das fenster
den blick in die weite
ziehe mich aus
und stelle mich
unter die dusche
bei inneren dramen
sind spannungsaufbau
und klimax für andere
kaum wahrnehmbar
und nicht jedes wasser
kathartisch

atme

atme ein
atme aus
erwarte
heute
nicht viel
mache langsam
in mir ist
sonntagsstille

als wir

als wir uns nichts
mehr zu sagen hatten
schwiegen wir nicht
wir sprachen nur leiser
und mit mehr bedacht
kam wieder sinn
in die worte
und inhalt füllte
die sätze
heute, während
ich atem hole
erzählst du mir
ein halbes leben
mit so viel tiefe
und so viel gewicht
dass mich ein satz
erdrücken könnte,
hätten wir nicht
gelernt uns und
unser gesagtes
gegenseitig
auszubalancieren

manchmal

manchmal
wenn ich
am fenster stehe
und das wetter
mitmacht
kann ich uns sehen
auf der anderen
seite des flusses
in dem tiefen wald
wo die berge beginnen
manchmal
wenn die sonne
durch die wolken bricht
schaue ich uns zu
wie wir umher fliegen

niemand

niemand bemerkt es.
zunächst.
es entsteht
kein geräusch
wenn gedanken
die richtung ändern.
keine bremsspuren
auf dem asphalt.
kein geruch nach
verbranntem gummi.
aber auch kein
applaus oder kopfschütteln.

haiku

gelb, grün, braun und rot
konfetti für die engel
herbstlaub überall

der raureif

der raureif glitzert leise
auf den grashalmen
ich liege noch im schatten
der vergangenen nacht
klopfe ganz behutsam
an dem neuen tag an und
lausche seinem klang

sonnenlicht

jeden tag
streift das sonnenlicht
langsam durch mein zimmer
von morgens bis abends
von der einen
ecke, wand und seite
bis zur anderen
zieht über alle möbel,
sämtliche bücher und
jedes kleidungsstück hinweg
als schaue es sich
wieder und wieder
alles ganz genau an
manchmal lege ich mich
ganz ruhig
auf den fußboden
und warte
lasse das licht langsam
über mich wandern
damit es wieder weiß
wie es mir
gerade geht
&
mich nicht
nicht zu schnell
vergisst

haiku

einst vogelgesang
über grünen wiesen, nun
grelles neonlicht

von dramen und drachen

kann auf den
rettenden prinzen
verzichten,
will lieber
mit dem drachen
umherziehen
und weitere
kämpferherzen
entfachen.
he,
nimm
mich ernst.
und nein,
ist es nicht,
ganz sicher
–
kein
stockholmsyndrom.

wir träumen

wir träumen
uns

du mich
ich dich

in bunt und
schwarzweiß

mit haut
und haaren

berührungen
aus luft

sind unser
lohn

hier und dort

meine
gedanken
sind hier,
deine dort
unsere köpfe
müssen
näher
zusammen
kommen
damit
hier und dort
eins werden
können

senryū

auf dem schirm, regen,
darunter, mein kopf, in ihm
gedanken an dich

blume

sitze mit einer blume und reiße:
er liebt mich,
er liebt mich nicht,
er liebt mich,
er liebt mich nicht,
ach du sch...,
das innere zählt doch mit, oder nicht?

heute ist

heute ist einer dieser
langsamen tage
einer an denen
man zeit hat
sich an das
lang vergangene
augustlicht am abend
zu erinnern
wie die sonne
tief und groß
über dem horizont stand
man sich leicht fühlte
und doch mit
nackten füße
fest auf dem
warmen boden stand
man war kurz
mit der welt im reinen
einfach
weil man auf nichts wartete
und nichts verglich

ein gedicht

ein
gedicht
nur
für dich
und mich
ein raum
uns zu treffen
um ungestört
und nur
zu sein

die lampe

die lampe spiegelt sich
im dunklen fenster

sie muss heute mond sein
der echte ist fort

ist verhindert
wahrscheinlich bei dir

hier gibt es kaum worte
doch einiges wird klar:

auch die lampe ist
ein schlechter ersatz

für den mond, auch für dich
und sie leuchtet zu hell

es müsste

es müsste jemand geben
der an mich denkt
so fest an mich denkt
dass ihm innen ganz warm wird
so warm, dass ich es
in der ferne noch spüre
und hier ohne rote nase
durch den lästigen winterwind
spazieren kann

taschenlampe

leuchte mit einer taschenlampe in dein schlafendes ohr. lasse es in der dunkelheit rot leuchten und muss kurz kichern. so aber nun schluss mit dem quatsch. ich werde ernst, halte die taschenlampe unter mein gesicht und flüstere: "vieles was ich sage klingt sicher schlimmer als ich es meine. ich lächle dabei öfter als ihr ohren vielleicht denkt, ihr seht es nur nicht." ich leuchte wieder auf dein ohr. es bleibt stumm und knallrot. nach kichern ist mir nun nicht mehr zumute. ich versuche den gedanken zu verscheuchen, dass ich ab jetzt immer so reden sollte, das auch deine alleine ohren mich nie mehr falsch verstehen können.

beißen, trampeln, sitzen und warten

beißen uns fest in den worten des anderen,

kauen darauf herum und spucken sie wieder

trampeln herum auf den gefühlen des anderen,

springen wie wild, stampfen und kreischen

sitzen dann stumm, greifen nach der hand des anderen,

warten gemeinsam bis unser sturm weiterzieht

und dann, irgendwann

und dann, irgendwann
verliere ich mich nicht mehr
in der einsamkeit
sie wird heimat werden
dann beachte ich
deine worte nicht mehr
dein mund kann
so vieles sagen
vertraue nur noch
deinem körper
entweder er ist bei mir
oder er ist es nicht

land unter

meine gedanken
ufern aus
fließen einfach weiter
hatte ich doch
extra
dämme gebaut
vorsorglich
deiche angelgt
und sogar
schafe drauf gestellt
doch sie fließen
einfach weiter
über ihre ufer
über straßen
und länder
bergauf, bergab
schwippschwapp
vielleicht schaffen es
manche sogar bis zu dir
ich hoffe, du beklagst dich
nicht nur über nasse füße

haiku

komm mit mir, meere
wollen ersegelt, länder
erkundet werden

nebenbei

ich finde du solltest wissen,
dass ich an dich gedacht habe
nur kurz, nur so, nebenbei
es war während des zähneputzens,
der gedanke kam und ging wieder
nur kurz, nur so, nebenbei
auch während des kaffeetrinkens,
ganz unwichtig und bedeutungslos
nur kurz, nur so, nebenbei
und während des einkaufens,
arbeitens, schreibens, schlafens und
atmens
aber wie gesagt:
nur kurz, nur so, ganz nebenbei

oben

leg dich neben mich,
schau hinauf,
siehst du dort die
rennenden elefanten,
tanzenden blumen,
jetzt flatternde vögel?
sehe dich im dunkeln
nicken und bin froh,
andere hätten
vielleicht nur die
durch das fenster
einfallenden lichtstrahlen
der vorbeifahrenden autos
an der wohnzimmerdecke
gesehen...

in uns

in uns
ganze universen
deins sieht man
funkeln, in
deinen augen
du sagst
es wäre meins
das sich spiegelt
schwerelos
tanzen wir
du in mir
und
ich in dir

der dinosaurier und ich

seit ich dem dinosaurier in meinem zimmer versuche zu erklären, was schnee ist, findet er alles hier noch merkwürdiger als zuvor. auch mich. ich merke es an der art, wie er mich ansieht. dabei hatte ich mir vorgenommen, ihm ein guter freund zu sein. doch er weint viel zu viel, jede nacht, seit er aus dem gelbweißen ei geschlüpft ist. ich höre ihn oft im dunkeln unter seiner decke auf dem sofa schluchzen, wenn er denkt, dass ich schon eingeschlafen bin. ich gebe mir einen ruck, stehe auf und setze mich neben ihn. „ich bin auch einsam", sage ich zu ihm. er sieht mich lange an, er schüttelt den kopf, dann schnaubt er verächtlich, dreht sich um und schaut lieber in den schnee, den er so überhaupt nicht leiden kann...

zeit zu bleiben

sich zeit nehmen
zu bleiben
auch wenn es
nur kurz ist
bleiben
und den moment
in sich aufsaugen
mit allen seinen
kleinigkeiten
ihn in sich tragen
und weiter ziehen

doppelhaiku

leichtes weiß schwebt fern.
bodennebel zeichnet land
und leute weich.

wiesen am flusslauf
platz für meine gedanken
zwanglos zu tanzen

dieseseinemal

hastig nimmst du
noch einen schluck,
um mein eben gesagtes
hinunter zu spülen
doch es schwimmt oben, wie öl
in welchen farben würde es
auf asphalt schlieren bilden?
dein blick geht richtung himmel,
von dort ist keine hilfe zu erwarten
der mond ist nicht zuhause
ein vogelschrei hallt durch die nacht
warnung oder bestätigung?
mein egozentrismus
kennt keine grenzen
ebenso wenig meine bedenken
du schweigst noch während
des nächsten vogelschreis
dann nimmst du meine hand.
der vogel und ich
beschließen
es dieseseinemal
als antwort
durchgehen zu lassen
und sind nun leise

der wind und ich

der wind lacht über mich
weil ich abwarte
weil ich nicht weiß, wohin ich will
weil ich zweifle und suche
weil ich nur da sitze
um mich schaue, nachdenke
und über den wind lache
weil er nicht abwarten kann

gedanken

wie von alleine
kam der gedanke hoch,
dass einiges nicht richtig ist.
dies und das.
das und dies.
dieses und jenes.
jenes und dieses.
zu vieles, fast alles.
und dann
genauso unbemerkt,
wandelte sich der gedanke
oder verschwand.
und ein anderer schlich sich
an seine stelle.
dass das alles nicht so falsch ist.
das und dies.
dies und das.
jenes und dieses.
dieses und jenes.
nicht alles, aber vieles.
dass vieles schlechter sein könnte,
und man durchaus
mal zufrieden sein kann.
zumindest einen gedanken lang.

solange

solange die "ichs"
beide tief und frei atmen können,
ist das "wir" ein ort,
an dem man bleiben sollte

am ende des tages

am ende des tages
stelle ich mich
lange barfuss
auf den noch
warmen steinboden
vor dem haus

als sauge ich
die letzten erinnerungen
an wärme aus dem tag

als passe ich mit all
meinen gedanken
nicht unter das dach

als warte ich ab
dass du doch noch
vorbei kommen könntest

als wäre das der kompromiss
von dem teil in mir der fort will
und von dem der bleiben möchte

nur falls

nur
falls du fragen
wolltest
ich komme gut zurecht
in diesen tagen
aber bitte
sag den wölfen
den dieben
und vor allem
meinem grübeln
nicht
dass ich nachts
allein zuhause
bin

ich gehe

ich gehe in den wald
und versuche mich als baum
stehe still
mit beiden füßen am boden
stehe und stehe
minuten, stunden, tage
sogar das rotwild schaut erschrocken
als ich mir doch irgendwann
eingestehe,
dass ich immer mehr fühlen werde
als meine umgebung
und einen schritt nach vorne gehe

tage verschwinden

tage verschwinden
und entscheidungen fallen
landen auf steinboden
wie
bemaltes porzellan

irgendwas fehlt immer
denn
ich bin beides:
das, was ich nur bei dir bin
und das, was ich bei dir nicht seien kann

die nächste sache, an die ich mich
erinnere:
ich koche tee
und denke
dass früher alles besser war

(irgendwo tief in mir
echot leise ein "tatsächlich?")

regen regnet

regen regnet
an meinem fenster entlang.
einzelne tropfen rinnen
in langen fäden hinab
treffen sich, trennen sich.
ich konzentriere mich:
der tropfen bist du
der dort bin ich.
ob wir irgendwann
ineinander fließen
das beobachte ich

langsam, ganz langsam

langsam, ganz langsam. ganz langsam nähern wir uns an. so langsam, dass man denken könnte, wir würden uns nur gegenüberstehen. und uns ansehen. wir aber leben in anderen zeiten. da können die vögel dieser laut tickenden uhren noch so oft ihre häuschen verlassen und schreien. da können tag und nacht sich noch so oft die hand reichen und einander ihre arbeit übergeben. da können knospen erblühen, weizenfelder duften, blätter sich verfärben und schneeflocken zu boden fallen. wir leben währenddessen in unseren zeiten. heute ist, was heute ist. mag morgen sein, was gestern noch undenkbar war. uns kümmert es nicht. wir stehen da, schauen uns an und erzählen uns gegenseitig unsere leben.

juli

auf einmal ist juli
und ich denke immer noch an dich
ich wollte diesen umstand
eigentlich schon vor längerem
aufgegeben haben
doch haben sich meine gedanken
einfach nicht
an meine befehle gehalten
ich überlegte nun
ob ich sie zurechtweisen soll
doch dann wurde mir erzählt
dass in den letzten wochen
das wetter schreckliches war
es habe geregnet
und sei sehr kalt gewesen
da beschloss ich meinem denken
lieber zu danken
denn von all dem habe ich
nichts mitbekommen
ich war in gedanken
jede sekunde so sehr mit dir beschäftigt
und hätte niemals auch nur einen
dieser gedanken daran verschwendet
meinen blick von dir zu nehmen
um aus einem fenster zu sehen

an dich denken

ich denke an dich
einfach
weil ich es tue
ich tue es nicht
weil ich denke
dass ich es sollte
ich denke sogar
dass wenn ich darüber
nachdenken würde
ich zu dem entschluss
kommen würde
dass ich nicht
an dich
denken sollte
das würde ich
wohl denken
wenn ich darüber
nachdenken würde
was ich aber nicht tue
da ich ja schon
etwas anderes tue
und zwar
einfach
so
nur an dich denke

verstecken

verstecken
uns
vor
einander
inmitten
von
buchstaben
und
finden
uns
doch
genau
dort
wort an wort
wieder

noch einmal

noch einmal
möchte ich dich
zum ersten
mal treffen
ohne erinnerungen
an all das
was danach
kommen wird
mit nichts
als einer vagen
ahnung im nacken
und einem
leisen gefühl
im bauch
möchte ich dir
erneut
die tür öffnen
dich begrüßen
und etwas
zu trinken in
unsere gläser
einschenken

zukunftsmusik

und ob ich eine
vorstellung habe
aber der gedanke
steckt noch in
seiner konzeption
also nicht viel
konkretes bisher
nur so viel:
du und ich
zur gleichen zeit
am selben ort
irgendwo im
universum

durch die rolladenritzen

durch die rolladenritzen
– oben am fenster –
kann ich den himmel sehen
ich liege und schaue
nur mit dem linken auge
nur mit dem rechten auge
wieder mit beiden
drehe den kopf
der himmel ändert sich
ich liege und schaue
nur mit dem rechten auge
nur mit dem linken auge
wieder mit beiden
die stille kann nur so ruhig sein
wie meine gedanken
ich könnte mich zu dir drehen
doch ist mir da gerade
nicht genug blau
auf deiner seite

nie

nie will ich dich
kennenlernen.
nie treffen.
nie sehen, hören
oder spüren.
damit nichts
mir diese
gewissheit
nehmen kann,
dass ich
zumindest
bei dir
diese eine
version
von mir
wäre,
die ich
so gerne
sein würde.

meine gedichte

meine gedichte
sind nur worte
aufgereiht
zwischen dem ort
wo ich stehe
und
dem ort
wo du bist

wolkengebilde

wolkengebilde
ziehen gelangweilt vorbei
ihren blick starr auf die unter ihnen
herumstreifenden fußgänger gerichtet
deren ziele zu erraten
sie nicht die geringste lust verspüren
wolkengebilde
verändern sich, werden zu dir
und mir, ebenfalls vereint in der
ignoranz für das umgebende
einzig fixiert auf uns
das in sich verschlungene
einander
welches immer kurz vor seiner
auflösung steht

wollte

wollte schreiben
doch nur ein wasserfall
fiel von meinem kopf
auf das blatt
riss alle gedanken
mit über den rand
und trug sie fort
zu mir unbekannten orten

bei dir

bei dir bin ich schwerer
und muss mich setzen
hier ist die schwerkraft
stärker als sonst
hier werde ich bleiben
aber es gibt auch
keinen grund mehr
weiter zu gehen

dich – mich

zwischen
dich und mich
machen wir nun
einen bindestrich
damit er uns
auf abstand
und zugleich
zusammen
hält: dich – mich

doch

doch
es ist mutig
in einem meer
dessen wellen
immer wieder
so stark
gegen mein
innerstes
schlagen
nach worten
zu tauchen
nur um sie dann
wie nebenbei
zu dir zu sagen
und als antwort
diesen blick
der wiederum
stürme auslöst
zu erwarten

und dann

und dann – ganz plötzlich
und unerwartet – fällt einem ein
dass alles auch ganz anders
sein kann

verwirrt und verzückt zugleich
versucht man den gedanken
mit schneller hand
in die manteltasche zu zwängen

doch schaut man zuhause nach
und da ist nichts mehr
und man fragt sich nur noch
ob die hand zu langsam
oder die tasche zu löchrig war

und dann – ganz rasch
und unbeachtet – vergisst man,
dass alles auch ganz anders sein kann
und nichts erinnert einen
mehr daran

nun

nun lege ich mich ins bett und
lasse den winter vorbeiziehen.
der wecker ist gestellt.
auf den duft von
schneeglöckchen,
krokussen und
narzissen.

zuckerwatte

dein mund bewegt sich so, als würdest
du über uns reden. oder über das wetter.
oder über zuckerwatte.

meine ohren sind zu müde. ebenso alles
andere an/in/auf mir. welche
unterschiede weisen diese drei dinge
denn tatsächlich auf?

    zuckerwatte scheint mir am
    beliebtesten. zumindest bei
    zahnärzten oder/und kindern.

meine nackten füße lassen sich nicht
mehr von dem kalten kachelboden
lösen. grenzenlose trägheit trifft
gelangweilte klebefläche. beides nicht
wählerisch.

a propos, in eben aufkeimender
erinnerung an den
energieerhaltungssatz drängt sich mir
folgende frage auf:

wo wird all die energie weg-
genommen, die doch (angeblich) in
diesen energydrinks steckt?

meine (re)aktionsansprüche werden
kleiner – ich atme ein, um auszuatmen,
versuche körperteilen nunmehr
optionen für verschiedene bewegungen
zu geben.

die entscheidung bezüglich der
geschwindigkeit fällt schwer. auch die
richtung ist unklar. zuviele möglich-
keiten im dreidimensionalen raum.

>sogar die eigene wäsche kam alleine
>mehr rum: "made in cambodia",
>"made in china", ...

und du, du siehst immer noch so aus, als
würdest du an das wir/das wetter/die
watte denken. einfach dort stehen und
eine antwort erwarten

senryū

die welt wird ganz fern
als leiser gesang streifst du
durch meinen körper

bei der nächsten lichtung

bei der nächsten lichtung im dickicht
setze ich mich
und warte
höre ich dich nun schon
seit so langer zeit
durch meine gedanken wandern
es scheint an der zeit
dir gegenüber zu treten
und dich willkommen zu heißen

ein gedicht

ein gedicht
schreibt
man nicht
man fühlt es
&
ein gedicht
liest
man nicht
man spürt es

wir haben

wir haben das jetzt
was so unfassbar viel
und zugleich so unendlich wenig ist
wir haben uns
was ganz außerordentlich
und zugleich viel zu zerbrechlich ist

vielleicht sollte ich dich nicht küssen
sondern stattdessen ein paar löffel
himbeermarmelade essen
schlussendlich
färbt beides nur die lippen rot

die ellenbogen

die ellenbogen
auf dem fenstersims
starre ich den vollmond an
bis er viereckig wird.
strecke eine hand in die höhe
immer weiter
und weiter.
sie reicht
bis in die wolken hinein
nicht aber bis zu dir
oder bis zum
unscharfen mond.
so taste ich weiter
nach dem himmel.

senryū

schließen die augen
arm in arm spüren wir, wie
wir davon fliegen

ich will

ich will nicht viel
nicht viel sein
für dich

als gedankenhauch
will ich umher-
wandeln in dir

leises wird laut
kleines groß
und zartes stark

das muss nicht sein,
aber es kann

es kann
werden

wenn

wenn wir uns wieder treffen, werden wir schweigen, keinen gedanken nachhängen, nichts befürchten, nichts hoffen. wir werden alles was war aus- und uns einatmen. wieder und wieder. bis wir ganz leer und nur wir sind.

am grund

wollte einigem auf den grund gehen

und sprang mit steinen an den füßen
in das tiefblaue wasser

doch als ich den boden erreiche
interessiert mich erkentnis nicht mehr

ich will nicht mehr fragen oder suchen

nur noch den seeanemonen
den algen und korallen
zusehen

wie sie glitzern und leuchten
sich beharrlich hin und her
zu all den strömungen bewegen

nur

nur meine
gedanken
an dich

mehr gibt
es hier
nicht

mehr gab
es hier
nie

lass uns

lass uns immer daran denken
dass da mehr ist, es noch anderes gibt,
als frühstück, schreibtisch, sofa, bett
aufstehen, mittag, abend, dunkel

die wolken

die wolken hängen tief
fast drücken sie schon gegen mein haar
als wollten sie mir unter den schädel
kriechen. nur um mir noch mehr
herbstgefühle einzuregnen

die ganze ernsthaftigkeit

die ganze ernsthaftigkeit
der vollmondnacht
fällt durch das fenster
malt zweige
auf die bettdecke,
auf meine hände
und dein schlafendes
gesicht

wenn ich an dich denke

wenn ich an dich denke
denke ich nicht
wenn ich nicht denke
fühle ich
wenn ich fühle
erinnere ich mich
wenn ich mich erinnere
träume ich
wenn ich träume
hoffe ich
wenn ich hoffe
denke ich nicht
wenn ich nicht denke
liebe ich
dich

maikäfer

aber vielleicht ist alles auch ganz anders
und diese tage sind bloß späte maikäfer
die mich ungelenk und schwerfällig
brummend, mit einem blühenden
pfirsichbaum verwechseln. möglicher-
weise erledigt sich alles, auch das mit
diesen ganzen gefühlen, wenn ich nur
dieses duschbad mit frühlingsduft
wieder von mir kriege.

ich kann

ich kann dir nicht sagen, wie oft
ich heute schon an dich dachte,
so wie dir der wind nicht sagen kann,
durch wie viele haare er
heute schon streifte ... oder beschreiben
will wie er jedes
einzelne in der luft tanzen ließ.

und doch

und doch
erinnere ich mich
an dich

an all die worte
mit denen
wir uns suchten
und wiedererkannten

an all die sätze
die wir uns wie arme
um die körper legten
oder als decken
mit zum schlafen nahmen

an all unsere versuche
berührungen mit sprache
zu ersetzen

ich erinnere mich
dass es nicht ausreichte
dass wir stumm wurden

um uns zu vergessen

neben dir

neben dir liege ich
nicht
und nur das
nichts
streift dann und wann
und
immer mehr aus
versehen
denn aus absicht
über
unsre einsamen wangen
doch
solange es uns zur
selben
zeit berührt
reicht das
vollkommen

die nacht

die nacht ist unersetzbar
nur dort
sind wir unsere träume
nichts sonst.

unermüdlich

malt mir die sonne
mit den im wind
schwingenden zweigen
schattengemälde
auf die neidische
raufasertapete
verfolge jede bewegung
und jeden lichthauch
vergesse alle gedanken
auch die an dich
vergesse mich
bin ausschließlich
schattentanz

schattentanz

wieder

wieder stürzt sich
ein tag in die nacht
und reißt mich
hinterher
zieht so stark, dass der rock
auffliegt und die haare
hochwehen, immer
rennt er zu dir
die nacht wirft mich ins bett
reicht mir ein kissen
und schließt meine augen
schon bin ich bei dir

woran das herz hängt

erkennt man erst
wenn man
tief hinein kriecht
alles zur seite schiebt
hoch hebt
dahinter blickt
etwas raum schafft
bis man
einen spalt
durch den
etwas licht fällt
entdeckt
und man beschließt
sich genau dort
im dunkeln
nieder zu lassen
um nur
in dieses licht
zu schauen

nur die szenerie

nur die szenerie,
der ort oder hintergrund
ändert sich dann und wann

ansonsten bin es, immer nur ich

wie ich in städten, wäldern, häusern
auf stränden, straßen und wegen

mal mehr, mal weniger
anlauf nehme und versuche über den
eigenen schatten zu springen

ob es jemals geklappt hat?

nein. aber ich lerne dazu. ich versuche es
nicht mehr, wenn die sonne zu tief steht
und sie die schatten ganz lang macht

so sind die morgen und abende frei
da bin ich nur ich

ich versuche nur noch mittags
mich zu ändern

wir könnten

wir könnten über unsere herzen reden.
wann sie zufrieden sind und wonach sie
sich sehnen. oder darüber, wie wir sie
vernachlässigen und ihnen viel zu oft
mit gleichgültigkeiten begegnen. was
schaust du mich so an? ahnte ich es
doch, auch du dachtest sie würden uns
und nicht wir sie vergessen.

ich kann dir nur erzählen

ich kann dir nur erzählen
dass ich an dich dachte,
als der wind eine tüte
durch die straße trieb

wie er sie wild hinauf
blies doch die tüte
im zickzack zurück
zu boden schwebte

wie sie sich treiben ließ
in alle richtungen schielte
doch nur umher trudelte
und sich im kreis drehte

ich kann dir nur erzählen
dass ich an mich
und dich dachte

und noch sehr lange
dort stehen blieb

ein gedicht

ein gedicht
schreibt mich.
und dich.
setzt uns gemeinsam
auf eine bank.
unter einen baum.
damit wir uns
dort treffen
und
in aller ruhe
aussprechen
können.

füllen wir

füllen wir den spalt zwischen uns
mit worten und gedichten
bis er voll ist und überquillt
dann klettern wir beide los
und reichen uns ganz oben
die hände

und doch

und doch
bist du es.

gerade wenn
du dich zu
weit entfernst
und unscharf wirst,
dazu die nacht
hereinbricht und
keine berührung,
kein wort mehr
zu dir reicht

erkenne ich
dich.

deine welt

deine welt stand in flammen
und ich sprach von gedichten
du fandest es unpassend und
möglicherweise war es das auch
bis du sie als decken nutztest
und alles feuer ersticktest

in mir

in mir fragt es nach dir
dazu gibt keinen namen
kein gesicht oder ort

nur diese frage in mir
nur diese suche in mir

wiederhole die frage
nochmal und wieder

wiederhole die suche
nochmal und wieder
bis ich einschlafe

immer tastend
durch die dunkelheit
auf dem weg
zu dir

dann und wann

dann und wann
sollte im leben
ein liegestuhl
bereitstehen.
dazu etwas sonne.
und eine sanfte brise.
man setzt sich.
kommt an.
mit sand zwischen
den zehen
kehrt man zurück.
zu sich.
zum leben.
zur liebe.

was mein schreiben sei?

was mein schreiben sei? ein steinewerfen. ins stürmische meer. mit der hoffnung, dass sich die steinchen einmal so hoch türmen und – wenn auch nur kurz – so fest zusammenhalten, dass ich sie als insel nutzen und wenigstens einen kleinen schritt hinein in die stürmische weite machen kann. dort möchte ich mich umsehen und im besten fall diesen einen, meinen platz, wo ich mein leben lang stand, von einem anderen blickwinkel aus betrachten.

doch

doch bin nur ich
all diese gedanken,
zeilen,
worte,
buchstaben.
jedes komma,
jeder punkt
und alle leerzeichen.

weitere gedichte und texte sind unter
freitag-ist-rosa.tumblr.com
zu finden.